A menina que cuidava dos pobres

Vida de Santa Dulce dos Pobres

GIZELE BARBOSA

ILUSTRADO POR BRUNA ASSIS BRASIL

Imagine um céu azul.

Azul reluzente, com uma luz que iluminava tudo que se podia ver. Assim estava o céu de Salvador, na Bahia, em 26 de maio de 1914, dia em que nasceu a pequena Maria Rita.

Maria Rita era conhecida como uma "menina terrível", porque subia em árvores, jogava futebol, soltava pipa e amava, mais que tudo, brincar com seus irmãos: Augusto, Aloísio, Geraldo e Dulcinha.

Seu pai, o senhor Augusto, era dentista e professor, e sua mãe, dona Dulce, cuidava da casa e das crianças. Os dois se amavam muito e esperavam a chegada de mais uma menina, a pequena Regina, para completar a família.

Dona Dulce, sempre muito amorosa, gostava de ter todos os filhos por perto, e amava tanto Regina, que foi com ela para o céu, aos 26 anos, deixando os filhos aos cuidados do seu Augusto.

Os pequenos órfãos de mãe ficaram tristes, assim como seu Augusto. Mas havia uma tia que os queria muito bem e que ajudou seu Augusto na missão de educar e auxiliar as crianças: era a tia Madalena, ou melhor, Madaleninha.

Seu Augusto achou ruim viver sozinho e se casou outra vez, agora com dona Alice. Foi então que nasceu a irmã mais nova, a pequena Teresinha, que gostava muito de Maria Rita e não desgrudava dela, seguindo-a para todos os lugares.

Quando Mariinha (assim seu Augusto e os irmãos chamavam Maria Rita) já estava mais crescida, a tia Madaleninha a chamou para uma conversa, dizendo: "Que tal aprender algo novo? Você tem 13 anos e quero lhe mostrar como pode ajudar a fazer o mundo ser um pouco melhor".

Tia Madalena fez a proposta: "No próximo domingo, ao invés de ir ao estádio torcer para o seu time, você virá comigo!".

    Chegou o domingo e as duas saíram juntas em direção à Igreja Santo Antônio. Elas participaram da missa e, logo depois, da reunião do Apostolado da Oração, em que tia Madalena era a presidente.

    Depois da reunião, seguiram em direção ao bairro do Tororó, na Baixa do Sapateiro.

    Mariinha começou a andar pelas ruas estreitas com sua tia e, tapando o nariz, pensava: "Que cheiro ruim!".

    As duas entraram em vielas, prédios abandonados e casebres, para visitar os doentes.

    Ao terminar aquelas visitas, Mariinha sentiu-se triste por ter visto tanta pobreza.

Mariinha não conseguiu dormir, ficou pensando no que tinha vivido. Quando acordou, foi procurar a tia Madalena e disse a ela: "No domingo, quero ir outra vez com você, titia". E cada vez que visitava aqueles lugares, lágrimas caíam dos seus olhos, por não acreditar que, enquanto ela tinha tudo, tantas pessoas viviam com tão pouco.

Então surgiu a ideia: "Vou usar a escada de casa para deixar sempre algo para os pobres. Eles poderão chegar e pegar aquilo que estiverem precisando". E então, um dia após o outro, a porta da casa de Mariinha começou a se transformar no endereço preferido dos pobres da redondeza.

Estando cada dia mais próxima de tia Madalena, Mariinha, então com 15 anos, sentiu o desejo de ser caridosa como sua tia, mas queria ir além. As duas frequentavam a capela Santa Clara do Desterro, das Irmãs Franciscanas do Sagrado Coração de Jesus, e Mariinha amava ir ali. Um dia, quando estava na capela, se perguntou: "Por que não me tornar uma filha de São Francisco?".

Quando ficou sabendo da ideia de Mariinha, seu Augusto mostrou-se preocupado. Ele achava a filha muito nova para ir morar num convento e tornar-se uma Irmã Franciscana.

Disse, então, à menina, que o olhava com olhos lacrimejantes: "Filha, espere mais um pouco, para ver se você tem mesmo vocação. Ainda é muito cedo, tenha paciência".

Seu Augusto queria que Maria Rita estudasse e se tornasse professora. Mas ela queria mesmo era estudar para enfermeira.

E assim se passaram dois anos...

O que seu Augusto não sabia era que, toda manhã, Maria Rita saía de casa e ia à Igreja de Santana, para participar da primeira missa da manhã. Depois, voltava para casa e fingia estar acordando, como se nada tivesse acontecido.

Maria Rita admirava São Francisco. Ela amava a ideia de que precisamos ser bons cristãos e cuidar dos menos favorecidos com amor. Então, como sua tia, começou a fazer parte da Ordem Terceira Franciscana.

    Um dia, enquanto participava da missa, Maria Rita sentiu em seu coração a sensação de estar à espera de alguém. Olhava para trás, e nada… Olhava outra vez, e nada… Até que, reluzindo como um raio de sol, surgiu alguém que, para ela, parecia um anjo.

    Maria Rita ficou encantada, e sentiu uma emoção que não conseguia explicar, ainda mais quando viu que essa pessoa era uma freira. Em seu coração surgiu um desejo forte, que a fez exclamar para si mesma:

"Quero ser freira e entrar para essa Congregação!".

Pouco tempo depois, Maria Rita entrou em contato com as Irmãs, começando, assim, seu caminho de preparação para ingressar no convento. Os pais e os irmãos, apesar de contestarem, por não quererem separar-se dela, acolheram a escolha da jovem e apoiaram aquele sonho que até então parecia distante.

A jovem e destemida Maria Rita logo estaria no trem, indo em direção à cidade de São Cristóvão, em Sergipe.

Ela se despediu dos irmãos, deu um abraço apertado no seu Augusto, seu amado pai, e, olhando com olhos lacrimejantes para a tia, as amigas e a madrasta, embarcou.

Na manhã do dia seguinte, chegou ao Convento do Carmo. Ao começar a arrumar suas coisas, a Irmã Joana, que acolheu Maria Rita no convento, logo percebeu que ela havia trazido uma amiga, a boneca Celica.

"Foi difícil me separar de todos... Será que preciso também me separar da Celica?", pensava Maria Rita, desejando ficar com a amiga para sempre.

A boneca, que Mariinha ganhara aos 4 anos, havia sido um presente da avó Maria Madalena e, para ela, tinha um valor especial: o da lembrança. Irmã Joana percebeu o quanto lhe era valiosa e que seria difícil para Maria Rita se separar dela, e, então, resolveu ajudar: "A Celica pode ficar comigo. Vou cuidar muito bem dela!".

Maria Rita chorou ao pensar que nunca mais veria a "amiga". Mas, para sua surpresa, Irmã Joana sempre a trazia nos momentos de recreação, o que a deixava feliz. Até que Maria Rita encontrou outras amigas e, depois de alguns meses, não sentiu mais a falta de Celica.

Maria Rita continuou amadurecendo e tornando firme a vocação a que se sentia chamada: ser freira, Irmã da Imaculada Conceição.

Depois de algum tempo de formação, ela e as outras companheiras, agora noviças, iriam finalmente se tornar freiras.

Fazia tempo que não via sua família, e estava ansiosa. Era o dia 15 de agosto de 1933... um dia que Maria Rita nunca mais esqueceria.

E foi então que, na presença de seu pai, o senhor Augusto, com os olhos brilhando, Maria Rita professou os votos de pobreza, castidade e obediência. Para completar sua felicidade, recebeu naquele dia um novo nome, o sinal de uma vida nova, o nome de sua mãe.

Maria Rita agora era a Irmã Dulce.

Logo que se tornou freira, Irmã Dulce voltou para Salvador, lugar onde ficaria por bastante tempo. Formou-se em enfermagem e sua atenção para com os doentes só crescia.

Ela era uma pessoa muito boa, sensível a tudo que acontecia a seu redor. Não deixava nada passar despercebido a seus olhos, nem mesmo uma borboleta que surgisse a sua frente.

Um dia, fechando a porta do ambulatório, ouviu um ruído que parecia vir detrás dela. Era um menino de uns 12 anos pedindo: "Irmã, não me deixe morrer!".

Ele ardia em febre e estava tão fraco que mal conseguia andar. Voltou para o ambulatório com o menino, mas sabia que não poderia deixá-lo ali.

Então, pensou e pensou… e lembrou:

"Ilha dos Ratos!".

Ilha dos Ratos era um bairro afastado onde havia casas abandonadas. Ela pegou o menino, alguns remédios e foi. Chegando lá, pediu a um senhor que arrombasse uma das portas e ali cuidou do garoto, até que ficasse curado.

Depois, veio uma senhora que ninguém quis acolher em hospital nenhum: "Irmã, não me deixe morrer na rua!", exclamava.

E a pequena casa na Ilha dos Ratos foi se enchendo de pessoas enfermas.

O dono da casa, quando soube o que estava acontecendo, não gostou nada, e deu um prazo a Irmã Dulce para que deixasse o local. Ela passou, então, a procurar outro lugar onde acomodar os doentes.

Com a ajuda de algumas pessoas e de uma carroça velha, reuniu os enfermos e foi para os Arcos do Bonfim. Mas o prefeito também não gostou e mandou que ela deixasse o local.

E mais uma vez, com a carroça velha e a ajuda dos amigos, levou os doentes para o antigo mercado dos peixes. Mas a prefeitura exigiu novamente que ela saísse dali.

"Onde poderei abrigar os meus pobres?"

Então, pensou e pensou… e lembrou: "No galinheiro!".

Então, pela última vez, levou seus pobres na carroça velha até o galinheiro do Convento Santo Antônio, onde morava com as outras Irmãs.

As Irmãs concordaram que eles ficassem ali, no galinheiro, e foi assim que nasceu o albergue e futuro Hospital Santo Antônio.

Irmã Dulce era pequena, frágil, mas, quando se tratava de ajudar um doente, estava sempre disposta a fazer algo. Envolveu na sua Obra as Irmãs da Congregação, os amigos Padres, o Prefeito, o Governador e até o Presidente!

Tudo isso para não deixar faltar assistência, um dia sequer, para os doentes e pobres que amava.

Maria Rita, Mariinha, Dulcinha, Dulce.

A menina que gostava de ajudar os pobres, que de noite saía pelas ruas de Salvador para conversar e recolher as crianças e jovens que moravam na rua, que apreciava cantar e tocar sanfona, jogar futebol e brincar, cresceu e ajudou tanta gente, que ficou famosa pela sua bondade.

Recebeu duas vezes a visita do Papa João Paulo II e se tornou amiga de Madre Teresa de Calcutá, a quem admirava muito.

Foi indicada ao Nobel da Paz e apareceu na TV, mesmo sendo muito tímida. Recebeu inúmeras homenagens.

Bruna Assis Brasil

Nasci e moro em Curitiba, onde ilustro desde 2009. Sempre fui apaixonada pelas artes, mas foi só depois de me formar em Jornalismo e Design Gráfico que descobri a possibilidade de me tornar ilustradora. Foi paixão à primeira vista, não queria saber de outro caminho.

Pensando nisso, fui a Barcelona fazer o curso de pós-graduação em Ilustração e Técnicas de Comunicação Visual, da escola EINA. Voltei ao Brasil e daí em diante tive o prazer de viver muitas histórias através da ponta do meu lápis. Hoje, tenho dezenas de livros publicados.

Se você quiser conhecer outros trabalhos meus, visite o instagram @brunaassisbrasil.

Dados Internacionais de Catalogação na Publicação (CIP)
(Câmara Brasileira do Livro, SP, Brasil)

Barbosa, Gizele
  A menina que cuidava dos pobres : vida de Santa Dulce dos Pobres / Gizele Barbosa ; ilustrações de Bruna Assis Brasil. — São Paulo : Paulinas, 2020.
  24 p. (Sementinha)

ISBN 978-85-356-4610-8

1. Dulce, Irmã, 1914-1992 - Literatura infantojuvenil I. Título II. Brasil, Bruna Assis

20-2260 CDD-922.2

Índice para catálogo sistemático:
1. Dulce, Irmã, 1914-1992 - Literatura infantojuvenil 922.2

1ª edição – 2020
3ª reimpressão – 2025

Direção-geral: *Flávia Reginatto*
Editora responsável: *Andréia Schweitzer*
Coordenação de revisão: *Marina Mendonça*
Revisão: *Sandra Sinzato*
Gerente de produção: *Felício Calegaro Neto*
Produção de arte: *Jéssica Diniz Souza*

Nenhuma parte desta obra pode ser reproduzida ou transmitida por qualquer forma e/ou quaisquer meios (eletrônico ou mecânico, incluindo fotocópia e gravação) ou arquivada em qualquer sistema ou banco de dados sem permissão escrita da Editora. Direitos reservados.

Cadastre-se e receba nossas informações
paulinas.com.br
Telemarketing e SAC: 0800-7010081

Paulinas
Rua Dona Inácia Uchoa, 62
04110-020 – São Paulo – SP (Brasil)
📞 (11) 2125-3500
✉ editora@paulinas.com.br

© Pia Sociedade Filhas de São Paulo – São Paulo, 2020